Ingrid Moras

Figuren & Tiere mit Tontöpfen

CREATIV COMPACT

CHRISTOPHORUS

Inhalt

3 Gartenwichtel & Co.

4 Material

5 So gehts

....

6 Rosenkavaliere

8 Kleiner Kresse-Prinz

10 Hund und Katze

12 Glücksschwein Babette

14 Fensterbänkler

16 Wurzelzwerg

18 Baumfiguren

20 Kleiner Wassermann

22 Für Ostern

24 Nachtwächter

26 Spatzen und Kuh

28 Zeitungswichtel

30 Eule und Igel

Gartenwichtel & Co.

In neuester Zeit bevölkern nicht mehr Gartenzwerge, sondern fantasievolle Gestalten Balkone und Gartenanlagen. Aus Tontöpfen gefertigt, fügen sie sich mit ihren Erdfarben harmonisch in die Natur ein.

Ob nun der Nachtwächter das Haus bewacht, der Wurzelzwerg aus der Hecke schaut oder der kleine Wassermann den Vögeln Wasser bereithält – alle Figuren sehen pfiffig aus und sind echte Hingucker. Auch Tiere wie die dicke Kuh oder Hund und Katze sind ebenso dekorative Gartengesellen. Als besonders nette Geschenkideen für vielerlei Anlässe eignen sich das Glücksschwein und die kleinen „Fensterbänkler". Beim „Zeitungswichtel" und den kleinen „Baumgeistern", die als Behausungen für Läuse fressende Ohrwürmer in Obstbäumen hängen, verbindet sich sogar das Schöne mit dem Nützlichen.

Zum Teil sind die Figuren bunt und fröhlich bemalt. Wer es natürlicher liebt, kann die Bemalungen einfach weglassen oder durch Naturmaterialien wie Moos, Blätter u. a. ersetzen.

Ich wünsche viel Freude beim Basteln und Werkeln.

Ingrid Moras

Material

Tontöpfe werden in verschiedenen Ausführungen und Größen im Hobby-Fachhandel, Gartencenter oder Baumarkt angeboten: herkömmliche Töpfe, Glocken-, Rosen- oder Halbtöpfe, spitz zulaufende Wandtöpfe oder Ampeln ermöglichen fantasievolle Figuren. **Untersetzer** in verschiedenen Größen dienen als Kopfbedeckung, Kragen u.a. Bei kleineren Figuren werden auch **Holzkugeln** als Köpfe verwendet.

Zum Kleben, Abdichten und Überbrücken von Zwischenräumen und auch Aufkleben aller Deko-Materialien am besten **Silikonkleber** verwenden. Er klebt sicher und hält Witterungseinflüssen stand. Sauber kleben, da Silikon nicht übermalt werden kann! Falls Silikon von Töpfen entfernt werden muss, ist Scheuermilch hilfreich. Überschüssigen Kleber beim Zusammenfügen der Töpfe mit einem Küchenpapier entfernen. Mit **Maler-Klebeband** können Töpfe fixiert werden, bis der Silikonkleber angezogen hat. Für Augenbrauen und Bärte aus Plüsch **Kraftkleber** verwenden.

Auf **Sisaldraht**, **Natur-** oder **Kunststoffbast** werden kleine Töpfe für die Arme aufgezogen. Aus **Bast**, **Langhaar-Plüsch**, **Engelshaar** oder **Flauschfedern** werden die Haare gefertigt.

Die Figuren mit **Acryl-Mattfarbe** mit einem Flachpinsel bemalen. Die Augen mit dünnem Haarpinsel aufmalen, zuletzt einen weißen Lichtpunkt aufsetzen. Gesichter können auch mit **Terracotta-Stiften** gemalt oder mit **Wackelaugen** gestaltet werden. Zum Schutz vor Nässe die bemalten Figuren mit einem **Acryllack** auf Kunstharzbasis (je nach Geschmack matt, seidenmatt oder glänzend) bearbeiten.

Hinweis

Silikon, Klebeband, Küchenpapier, ein dünner Pinsel und ein Flachpinsel sowie Acryllack werden immer benötigt und in der Materialliste nicht mehr eigens aufgeführt.

So gehts

Körper

Die Töpfe und Untersetzer mit Silikon zusammenkleben, wie die jeweilige Skizze auf dem Vorlagenbogen verdeutlicht. Entweder den Kleber auf einen Topfrand auftragen und Rand auf Rand setzen oder reichlich Kleber auf den Topfboden auftragen, damit die Zwischenräume gefüllt sind, wenn Boden auf Boden gesetzt wird. Wenn Töpfe seitlich aufgeklebt werden, müssen sie mit Klebeband in Position gehalten werden, bis das Silikon getrocknet ist.

Arme aus Bast

Sechs Baststreifen in einer Länge von ca. 90 cm abschneiden. Die Töpfe nach und nach auf beiden Seiten aufschieben und jeweils durch Knoten vor dem Abrutschen sichern. Beim Naturbast genügen zwei festgezogene Knoten mit allen sechs Streifen. Kunststoff-Bast ist so dünn, dass am besten 10 cm große Perlen als Stopper mit eingeknotet werden. Dazu einen Knoten mit den Baststreifen legen, dann auf drei Streifen eine Perle aufziehen und unter der Perle wieder einen Knoten legen. Die „Stopper" müssen so gelegt werden, dass sich die Töpfe ca. 10 mm weit überlappen. Die Bastmitte beim Zusammenkleben des Körpers und Kopfes dazwischen fassen.

Arme aus Sisaldraht

Die Töpfe für Arme können auch auf Sisaldraht aufgeschoben werden. Als Abstandhalter genügt ein Knoten. Das freie Mittelstück wird mit Silikon hinten um den Hals geklebt. Damit es hält, eine Nylonschnur einhängen und vor dem Hals festbinden.

Arme nachträglich befestigen

Arme können auch nachträglich angebunden werden: Dazu die Figur fertig kleben. Die Töpfe für einen Arm auf Bast fädeln, darüber einen Knoten legen. Dann drei Streifen vor und drei hinter dem „Hals" herum auf die andere Seite führen und verknoten. Den zweiten Arm aufziehen.

Rosenkavaliere

Material

Teddy

- 2 Glockentöpfe, 13 cm Ø
- Glockentopf, 11 cm Ø
- 6 Töpfe, 4 cm Ø, 1x 5 cm Ø
- 2 Styroporkugeln, 5 cm Ø
- Holzolive, 15 mm
- Holzkugel, 4 cm Ø
- Langhaar-Plüsch in Kupferrot
- Acryl-Mattfarben in Weiß, Schwarz, Rehbraun, Gold
- Bast in Natur
- 6 Holzperlen, 10 mm Ø
- Filz in Rot
- Dior-Rosen in Rot

Rosenkavalier

- Glockentopf, 15 cm Ø, 17 cm Ø
- Rosentopf, 7 cm Ø, 14 cm Ø
- 8 Töpfe, 4 cm Ø
- Untersetzer 13 cm Ø
- Langhaar-Plüsch in Kupferrot
- 2 Halbkugeln aus Holz, 20 mm Ø
- 2 Holzkugeln, 4 cm Ø
- 4 Holzperlen, 10 mm Ø
- Kunststoff-Bast in Schwarz
- Filz in Rot
- Acryl-Mattfarben in Weiß, Schwarz, Rehbraun, Karmin, Gold, Kobaltblau
- Terrakottastift in Blau
- Lackdraht
- Zylinder, 9 cm Ø
- Rosen

Vorlagen A1 – A2

Anleitung Seite 8

6

Kleiner Kresse-Prinz

Material

- 2 Glockentöpfe, 17 cm Ø
- Glockentopf, 15 cm Ø
- Untersetzer, 12 cm Ø
- Untersetzer, 16 cm Ø
- 2 Töpfe, 5 cm Ø
- 4 Töpfe, 4 cm Ø
- 2 Holzkugeln, 4 cm Ø
- Kunststoff-Bast in Braun
- 6 Holzperlen, ca. 10 mm Ø
- runde Mosaikglassteine in Gelb
- Acryl-Mattfarben in Sonnengelb, Karmin, Weiß, Schwarz, Rehbraun
- Filz in Lila
- Langhaar-Plüsch in Schwarz
- Lackdraht

Vorlage B

Die Töpfe und Untersetzer bemalen und den Mantel aus Filz aufkleben. Die Figur zusammenkleben, wie die Skizze zeigt; dabei den Bast der Arme (siehe Seite 5) dazwischen fassen. Als Hände Holzkugeln so einkleben, dass die Bohrung sichtbarbleibt; die Hände mit Draht zusammenbinden und Blumen in die Bohrungen stecken. Das Gesicht aufmalen und Plüschstreifen (Fransen: 2,5 cm breit, Rest: 7 cm breit) als Haare an-kleben. Die Fransen abschneiden. Glassteine mit Silikon aufkleben.

Rosenkavaliere
Abbildung & Materialangaben Seite 6/7

Den **Teddy** der Skizze nach fixieren; dabei die auf Bast aufgezogenen Arme (siehe Seite 5) dazwischen fassen. Von den Styroporkugeln jeweils ein kleines Stück (Schnauze und Kopfrundung) abschneiden, mit Plüsch bekleben und fixieren. Die größeren Stücke als Ohren bemalen und aufkleben. Die Haare der Schnauze kürzen und eine schwarz bemalte Olive als Nase aufkleben. Augen aufmalen. Die Schleife aus Filz und den Brustfleck aus Plüsch befestigen. Eine goldbemalte Holzkugel in die Töpfe einkleben und Rosen in die Bohrung stecken.

Den **Rosenkavalier** nach der Skizze fertigen. Zwei Töpfe für die Oberarme zusammenkleben, anschließend die Arme auf Bast aufziehen (siehe Seite 5) und Holzkugeln als Hände einkleben. Die Figur bemalen. Die Streifen der Hose mit einem Terrakottastift ziehen. Bemalte Halbkugeln als Knopf und Nase befestigen. Die Haare mit Plüschstreifen arbeiten. Augenbrauen und Schnurrbart aus Plüsch fixieren. Die Barthaare an den Spitzen mit Kleber zusammenhalten. Einen Zylinder mit Draht anbinden.

Hund und Katze

Material

Hund

- Rosentopf, 9 cm ⌀
- Untersetzer, 10 cm ⌀
- Topf, 16 cm ⌀
- Topf, 12 cm ⌀
- 4 Töpfe, 4 cm ⌀
- Deko-Gras in Rotbraun
- Styropor-Kugel, 5 cm ⌀
- Acryl-Mattfarbe in Schwarz, Weiß
- Moosgummi in Schwarz, 2 mm
- Bast in Natur
- kariertes Taschentuch

Katze

- Glockentopf, 9 cm ⌀
- Untersetzer, 9 cm ⌀
- 2 Töpfe, 10 cm ⌀
- 4 Töpfe, 4 cm ⌀
- Moosgummi in Schwarz, 2 mm
- Moosgummi in Rosa, 1 mm
- Acryl-Mattfarben in Schwarz, Weiß, Rosé
- Kupferdraht
- Flauschfeder in Rotbraun
- Deko-Gras in Rotbraun

Vorlagen C1 – C2

Anleitung Seite 12

Glücksschwein Babette

Material

- 4 Töpfe, 4 cm Ø
- Topf, 16 cm Ø
- Glockentopf, 13 cm Ø
- Untersetzer, 6 cm Ø
- Untersetzer, 12 cm Ø
- Schale, 19 cm Ø
- Acryl-Mattfarben in Rosé, Altrosa, Schwarz, Weiß
- 2 Holzkugeln, 4 cm Ø
- Filz in Rosa
- Bast in Natur
- Flauschfedern in Weiß

Vorlage D

Die Schale rosa grundieren. Das Schwein nach der Skizze zusammenkleben, dabei den Bast mit den Armen (siehe Seite 5) und die Ohren aus Filz dazwischen fassen. Holzkugeln als Hände einkleben. Kleine Federn am Ohransatz aufkleben und eine Bastschleife um den Hals binden. Alle übrigen Details aufmalen.

Hund und Katze
Abbildung & Materialangaben Seite 10/11

Den **Hund** nach der Skizze zusammenfügen; dabei die rotbraunen Kopfhaare und die auf Naturbast aufgezogenen Vorderfüße dazwischen fassen. Augen, Mund und Flecken aufmalen und die Ohren aus Moosgummi aufkleben. Für die Nase eine Styroporkugel halbieren, schwarz anmalen und fixieren. Als Pfote Deko-Gras einkleben. Dem Hund nach Wunsch ein Tuch umbinden und ein Willkommensschild befestigen.

Die **Katze** mit Silikon zusammenfügen (siehe Skizze) und mit Klebeband sichern; dabei die Ohren aus Moosgummi und die Federn dazwischen fassen. Aus Deko-Gras einen Schwanz formen, mit Gras umwickeln und im Loch des Topfes fixieren. Augen aufmalen. Die Schnauze aus Moosgummi gestalten und dabei die Schnurrhaare aus Kupferdraht dazwischen fassen.

Tipp

Das Schwein kann als Kartoffel- oder Zwiebeltopf verwendet werden. Dann den Körper nicht mit Silikon verbinden.

Fensterbänkler

Material

Alle
- Sisaldraht, 6 mm Ø, 60 cm

Sonnenkind
- Glockentopf, 11 cm Ø
- 2 Töpfe, 4 cm Ø, 2x 3 cm Ø
- Holzkugel, 6 cm Ø
- Kunststoff-Bast in Mais
- Bast in Rot, Natur
- Acryl-Mattfarben in Schwarz, Weiß, Karmin, Goldgelb, Rehbraun
- Strohhut, ca. 12,5 cm Ø
- kleine Blüten

Teddy
- Glockentopf, 9 cm Ø
- 3 Töpfe, 4 cm Ø, 2x 3 cm Ø
- Holzkugel, 5 cm Ø
- 3 Halbkugeln aus Holz, 25 mm Ø
- Kunststoff-Bast in Natur, Rot
- Acryl-Mattfarben in Schwarz, Weiß, Fleischfarbe, Karmin
- Plüsch in Hellbraun
- Efeu

Glücksbringer
- Glockentopf, 11 cm Ø
- 3 Töpfe, 4 cm Ø, 2x 3 cm Ø
- Topf, 6 cm Ø
- Holzkugel, 6 cm Ø
- Holzperle in Rot, 6 mm Ø
- Bast in Rot
- Kunststoff-Bast in Mais, Schwarz
- Acryl-Mattfarben in Schwarz, Weiß

Vorlagen E1 – E3

Anleitung Seite 16

14

Wurzelzwerg

Material

- 2 Glockentöpfe, 15 cm ⌀
- Glockentopf, 13 cm ⌀
- Ampel, 9 cm ⌀, 19 cm lang
- 6 Töpfe, 4 cm ⌀
- 2 Halbtöpfe, 6 cm
- Kunststoff-Bast in Braun
- Langhaar-Plüsch in Schwarz, Silber-Grau
- Filz in Rot
- Acryl-Mattfarben in Karmin, Moosgrün, Weiß, Schwarz, Rehbraun
- Holzkugel in Rot, 14 cm ⌀
- 2 Holzkugeln, 4 cm ⌀
- 6 Holzperlen, ca. 10 cm ⌀
- Efeu-Blätter
- Korkenzieherhasel
- Kraftkleber

Vorlage F

Die Töpfe der Vorlage nach aufeinander fixieren. Die Ampel als Mütze mit reichlich Silikon schräg in den Topf einkleben. Die Töpfe bemalen und das Gesicht gestalten. Als Nase eine Holzperle fixieren. Die Arme aus Bast (6x 80 cm) nachträglich befestigen (siehe Seite 5). Holzkugeln als Hände einkleben. Hosenträger aus rotem Filz fixieren. Haare aus Plüschstreifen arbeiten. Den Bart mit Kraftkleber fixieren. Efeublätter um die Mütze wickeln oder zusammen mit Ästen in die aufgeklebten Halbtopf-Taschen stecken.

Fensterbänkler
Abbildung & Materialangaben Seite 14/15

1 Bei allen drei Figuren einen 60 cm langen Sisaldraht in der Mitte knicken, durch das Loch im Topf ziehen und in der Bohrung der Holzkugel einkleben. Auf die Enden 4-cm-Töpfe als Füße aufschieben und den Draht zur Schnecke biegen. Für die Arme sechs Baststreifen mittig am Hals festknoten, dann auf beiden Seiten je einen Zopf flechten, einen 3-cm-Topf als Hand aufschieben und einen Knoten legen. Entweder den Bast verknoten oder einen 4-cm-Topf an den Bauch kleben und die Hände daran befestigen.

2 Die Figuren bemalen, mit Basthaaren bekleben und mit Bastschleifen versehen. An den Hut des Sonnenkindes einzelne Baststreifen anknoten. Die als Ohren und Schnauze aufgeklebten Halbkugeln beim Bären mit dünnen Plüschstreifen „abdichten". Dem Glücksbringer einen 6-cm-Topf als Hut und eine Perlen-Nase aufkleben.

Baumfiguren

Material

Alle
- Glockentopf, 11 cm ⌀
- Holzkugel, 6 cm ⌀
- Schnur, ca. 4 mm ⌀

Baumkäfer
- Kunststoff-Bast in Schwarz
- Natur-Bast in Natur, Rot
- Holzperle in Rot, 6 mm ⌀
- Moosgummi in Rot, 2 mm
- 6 Holzperlen in Braun, 12 mm ⌀
- Aludraht in Rot, 2 mm ⌀
- Acryl-Mattfarben in Schwarz, Karmin, Weiß

Baumfee
- 2 Töpfe, 3 cm ⌀
- Natur-Bast in Hellgrün
- Holzperle in Hellgrün, 6 mm ⌀
- Faserseide in Gelb
- Acryl-Mattfarben in Maigrün, Schwarz, Weiß

Vorlagen G1 – G2

Anleitung Seite 20

Tipp
Als Behausung für Ohrwürmer die Glocken locker mit Bast oder Heu füllen.

Kleiner Wassermann

Material

- 8 Töpfe, 4 cm ⌀
- Untersetzer, 23 cm ⌀
- Untersetzer, 13 cm ⌀
- Glockentopf, 13 cm ⌀
- 2 Glockentöpfe, 15 cm ⌀
- 8 Holzperlen, ca. 10 mm ⌀
- Kunststoff-Bast in Grün
- Acryl-Mattfarben in Maigrün, Moosgrün, Schwarz, Weiß, Türkis
- Muscheln
- Kraftkleber

Vorlage H

Töpfe und Untersetzer nach der Skizze fixieren; dabei die Basthaare und den Bast für die Arme (6x 80 cm) dazwischen fassen. Für die Haare am besten mehrere Baststreifen (60 cm lang) in der Mitte verknoten und den Knoten in der Mitte der Topföffnung platzieren. Die Fransen kürzen. Die Figur bemalen. Je vier Töpfe als Arme aufziehen (siehe Seite 5) und die Enden beim Fixieren des großen Untersetzers mit festkleben. Einen Zopf aus neun Baststreifen um den Hals binden. Muscheln ankleben.

Baumfiguren
Abbildung & Material Seite 18/19

Den Kopf (Holzkugel) des **Käfers** bemalen. Als Nase eine rote Perle aufkleben. Ein Schnur-Ende verknoten, das andere Ende durch den Topf und die Holzkugel ziehen. Die Fühler aus einem 40 cm langen Aludraht biegen und mit den Basthaaren in die Bohrung kleben. Drei Baststreifen an der Halsschnur festknoten und an den Enden jeweils eine braune Perle befestigen. Zwei Fühler aus Moosgummi am Rücken fixieren. Den Brustfleck aufmalen, eine Bastschleife um den Hals binden.

Für die **Baumfee** die Schnur wie beim Käfer befestigen. Den Bast mittig knicken, fest zusammenbinden und um den Kopf herum als Haare ankleben. Die Bögen durchtrennen, die Fransen kurz schneiden und das Gesicht gestalten. Flügel und Verzierungen aus Faserseide arbeiten. Bast mittig am Hals festknoten, die maigrünen Arm-Töpfe aufziehen und mit Knoten befestigen. Etwas Bast in die Töpfe kleben, eine Bastschleife um den Hals binden.

Für Ostern

Material

Alle
- Acryl-Mattfarben in Rehbraun, Weiß, Schwarz

Henne
- Topf, 5 cm ∅, 6 cm ∅
- Untersetzer, 14 cm ∅
- Glockentopf, 15 cm ∅
- Halbtopf, 6 cm ∅
- Window Color in Weiß
- Samtpuder in Weiß
- Filz in Rot, Gelb, Weiß
- Federn in Weiß, Grau

Hahn
- Topf, 5 cm ∅, 6 cm ∅, 8 cm ∅
- Untersetzer, 16 cm ∅
- Glockentopf, 17 cm ∅
- Halbtopf, 6 cm ∅
- Window Color in Grasgrün, Saphir
- Samtpuder in Grün, Zartblau
- Filz in Rot, Gelb, Blau
- Federn in Grün, Blau

Hase
- Glockentopf, 11 cm ∅, 13 cm ∅, 15 cm ∅
- Untersetzer, 8 cm ∅
- 6 Töpfe, 4 cm ∅
- Bast in Natur
- 2 Holzkugeln, 4 cm ∅
- Filz, meliert, in Rotbraun
- Moosgummi, 2 mm, in Hautfarbe
- Narzissenstrauß
- Lackdraht, 0,5 mm ∅

Vorlagen J1 – J3

Anleitung Seite 24

Nachtwächter

Material

- 2 Rosentöpfe, 14 cm Ø
- Glockentopf, 17 cm Ø
- Untersetzer, 15 cm Ø
- 4 Töpfe, 4 cm Ø
- 2 Töpfe, 5 cm Ø
- Halbkugel aus Holz, 20 mm Ø
- Halbkugel aus Holz, 30 mm Ø
- Figurendraht, 6 mm Ø
- Filz in Grün, Rot
- Langhaar-Plüsch in Silber-Grau
- Acryl-Mattfarben in Weiß, Schwarz, Rehbraun, Karmin, Moosgrün
- Moosgummi in Schwarz
- Holz-Rundstab, 6 mm Ø
- kleine Laterne, ca. 17 cm hoch
- Nylonschnur oder Draht
- Kraftkleber

Vorlage K

1 Die Töpfe zusammenkleben. Den Untersetzer mit grünem Filz bekleben; dabei 4 cm überstehen lassen. Haare aus Plüschstreifen (ca. 2 cm breit) an den Rändern fixieren und evtl. kürzen. Grünen Filz zusammenlegen, den Mantel (Knicklinie = Rückenlinie) ausschneiden und auf den Topf kleben; den Kragen umschlagen. Halbkugeln als Knopf und Nase fixieren, Gesicht, Beine und Füße aufmalen. Bart und Augenbrauen mit Kraftkleber arbeiten.

2 Die Arme mit Sisaldraht fertigen (siehe Seite 5), die Enden je fünfmal um die Laterne bzw. den Rundstab wickeln. Einen roten Filz-Schal (7 x 60 cm) um den Hals legen. Die Schneide und einen schmalen Streifen aus Moosgummi schneiden und den Rundstab dazwischen einkleben. Die Spitze schwarz einfärben.

Für Ostern
Abbildung & Materialangaben Seite 22/23

Henne und **Hahn** der Skizze nach zusammenfügen. Verzierungen mit Window Color Stück für Stück auftragen und sofort Samtpuder aufstreuen (am besten im Freien). Überschüssiges Puder abpusten bzw. nach dem Trocknen abkehren. Filzteile und Federn als Schwanz aufkleben, Augen aufmalen.

Den **Hasen** zusammenfügen; dabei die Basthaare und die auf Bast aufgezogenen Arme (siehe Seite 5) dazwischen fassen. Für jedes Ohr zwei Lagen Filz zusammenkleben, dabei einen Lackdraht dazwischen fassen und die Ohren in Form bringen. Brustfleck aus Filz und Bastzopf-Gürtel fixieren. Das Gesicht gestalten. Holzkugeln als Hände einkleben (Bohrung bleibt sichtbar!), mit Lackdraht zusammenbinden und Blumen einstecken.

Spatzen und Kuh

Material

Spatzen

- Wandtopf, spitz, 17 cm
- Glockentopf, 17 cm Ø
- Halbtopf, 13 cm
- 2 Halbtöpfe, 6 cm
- 2 Töpfe, 4 cm Ø
- Deko-Gras in Natur
- Rupfenband in Hellgrün, Gelb
- Langhaar-Plüsch in Rotbraun
- Acryl-Mattfarben in Rehbraun, Schwarz
- Wackelaugen, oval, 18 mm
- kleiner Strohhut, ca. 7,5 cm Ø

Kuh

- Schale, 23 cm Ø
- Glockentopf, 15 cm
- Untersetzer, 14 cm Ø
- 2 Töpfe, 5 cm Ø
- 4 Töpfe, 4 cm Ø
- 2 Töpfe, 3 cm Ø
- Wackelaugen, 2 cm Ø
- Langhaar-Plüsch in Kupferrot
- Filz in Rosa
- Moosgummi in Rosa, 2 mm
- Rupfenband in Hellgrün
- Acryl-Mattfarben in Schwarz, Rosé, Fleischfarbe
- Kraftkleber

Vorlagen L1 – L2

Anleitung Seite 28

Zeitungswichtel

Material

- 2 Töpfe, 5 cm ∅
- 6 Töpfe, 4 cm ∅
- 2 Halbtöpfe, 13 cm ∅
- Untersetzer, 13 cm ∅
- 2 Glockentöpfe, 15 cm ∅
- Rosentopf, 14 cm ∅
- Halbkugel aus Holz, 3 cm ∅
- 2 Holzkugeln, 4 cm ∅
- 8 Holzperlen, ca. 10 mm ∅
- Kunststoff-Bast in Grün
- Acryl-Mattfarben in Moosgrün, Karmin, Schwarz, Weiß
- 2 rote Knöpfe
- Engelshaar in Kupfer, Kupfer-Silber
- dünner Kupferdraht
- Sonnenblumen

Vorlage M

Den Wichtel nach der Skizze zusammenkleben und bemalen. Eine rot bemalte Halbkugel als Nase fixieren. Für den Rand der Jacke Moosgrün mit Schwarz vermischen. Rote Knöpfe befestigen. Die Arme auf sechs 90 cm langen Baststreifen nachträglich befestigen (siehe Seite 5). Hände einkleben, die Bohrung bleibt dabei sichtbar, mit Draht zusammenbinden und Sonnenblumen einstecken. Haare und Bart aus Engelshaar mit dünnem Kupferdraht zusammenhalten.

Spatzen und Kuh
Abbildung & Materialangaben Seite 26/27

Bei den **Spatzen** den Wandtopf als Schnabel in den Halbtopf einkleben, dabei Deko-Gras dazwischen fassen und trocknen lassen. Den Kopf und die Flügel aus Halbtöpfen entweder an der Unterseite oder der Seitenwand des Glockentopfes fixieren. Töpfe als Füße festkleben. Wackelaugen mit etwas Deko-Gras als Wimpern befestigen. Bemalen und mit Deko-Material dekorieren.

Die **Kuh** nach der Skizze zusammenfügen. Eine Schnauze aus Moosgummi in den Topfboden kleben, um den Höhenunterschied auszugleichen, dann Filz darüber fixieren. Wackelaugen befestigen. Wimpern, Nasenlöcher und Flecken aufmalen. Die „Hörner" bemalen. Etwas Plüsch einrollen und in die Löcher der Ohren-Töpfe kleben. Die Haarspitzen mit Kraftkleber zur Spitze vereinen. Weitere Plüschstücke fixieren.

Eule und Igel

Material

Eule
- 2 Glockentöpfe, 15 cm Ø
- Glockentopf, 17 cm Ø
- Untersetzer, 12 cm Ø
- 2 Halbtöpfe, 9 cm Ø
- Perlhuhnfedern in Marine
- Flauschfedern in Grau
- Acryl-Mattfarben in Schwarz, Weiß

Igel
- Schale, 19 cm Ø
- Wandtopf, spitz, 12 cm
- 20 Töpfe, 3 cm Ø
- Topf, 4 cm Ø
- Langhaar-Plüsch in Rotbraun
- Acryl-Mattfarben in Gold, Rehbraun, Schwarz, Weiß

Vorlagen N1 – N2

Die Eule fertigen und bemalen. Die obere, nicht flauschige Hälfte der Perl-huhnfedern um die Augen, die flauschigen Hälften mit grauen Federn um den Kopf kleben.

Für den Igel die kleinen Töpfe bemalen. Die Töpfe aufkleben; mit Klebeband sichern. Gesicht aufmalen. Etwas Plüsch aufkleben.

Impressum

© 2003
Christophorus Verlag GmbH
Freiburg im Breisgau
Alle Rechte vorbehalten –
Printed in Germany
ISBN 3-419-56514-3

Lektorat:
Irmgard Böhler, Wiesbaden

Styling und Fotos:
Christoph Schmotz, Freiburg

Layoutentwurf:
Network!, München

Gesamtproduktion:
smp, Freiburg

Satz:
Gisa Bonfig, Freiburg

Druck:
Freiburger Graphische Betriebe

Wir sind für Sie da, wenn
Sie Fragen haben.
Und wir interessieren uns
für Ihre eigenen Ideen und
Anregungen.
Schreiben Sie uns, wir hören
gern von Ihnen!
Ihr Christophorus-Team

Christophorus-Verlag GmbH
Hermann-Herder-Str. 4
79104 Freiburg
Tel.: 0761/2717-0
Fax: 0761/2717-352
e-mail:
info@christophorus-verlag.de

www.christophorus-verlag.de

Weitere Titel aus dieser Reihe

3-419-56483-X

3-419-56365-5

3-419-56437-6

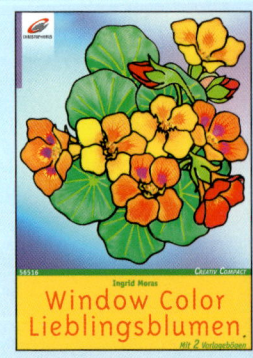

3-419-56516-X

3-419-56301-19

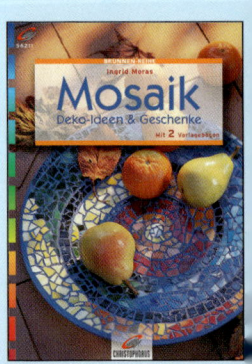

3-419-56405-8